ADA MAGNÍFICA, CIENTÍFICA

INVESTIGA

¡TODO SOBRE HORNEAR!

Andrea Beaty y Dra. Theanne Griffith

*Beascoa

Para Katie. A. B.
Para Violeta y Lila, mis amigas panaderas. T. G.

Penguin
Random House
Grupo Editorial

Originalmente publicado en inglés en 2022 bajo el título
ADA TWIST, SCIENTIST-The Why Files: The Science of Baking
por Amulet Books, un sello de ABRAMS, Nueva York.
(Todos los derechos reservados, en todos los países, por Harry N. Abrams, Inc.)

Primera edición: marzo de 2023

ADA TWIST ™ Netflix. Usado con autorización.
Copyright © Andrea Beaty, por el concepto y el texto
Imágenes de la serie ADA TWIST © Netflix, Inc. Usadas con autorización de Netflix.
Ada Magnífica, científica y los Preguntones fueron creados por Andrea Beaty y David Roberts
Copyright © 2023, Penguin Random House Grupo Editorial USA, LLC 8950 SW 74th Court,
Suite 2010 Miami, FL 33156
Publicado por Beascoa, una división de Penguin Random House Grupo Editorial
Todos los derechos reservados.

Traducción: 2023, Dra. Alexandra de Castro
Diseño de cubierta: Charice Silverman
Ilustraciones: Steph Stilwell

Imágenes cortesía de Shutterstock.com: **Cubierta:** pan, Diana Taliun; bandeja de hornear; TYNZA; pastel, Anna Shepulova. **Portada, página 3:** Jfunk. **Página 4:** bao, UKIVI; baguettes, pixaroma; naan, DronG; pan de nueces, CaseyMartin. **Page 7:** harina, Africa Studio; mantequilla, Tanya Sid; polvo de hornear/bicarbonato de sodio, punto final. **Página 6:** baguettes, pixaroma; **Página 8:** bizcocho, Alexandra Harashchenko. **Página 9:** harina, Pinkyone. **Página 10:** pizza o masa de pizza, Vladislav Noseek. **Página 12:** masa, Gap Romaniia. **Página 13:** varios tipos de harina y/o almendras, hojuelas de avena, arroz, baibaz; pastel, Africa Studio. **Página 14:** Jiri Hera. **Página 15:** baguettes, LStockStudio. **Página 16:** bolsitas o terrones de azúcar, azúcar morena y blanca, fotorince. **Página 20:** mantequilla y aceite, Charlotte Lake; masa de pan siendo estirada, Zagorulko Inka. **Página 24:** iva. **Página 25:** huevos y merengue, Olga Dubravina. **Página 27:** leche, DONOT6_STUDIO; pastelillos , Kostina IG. **Página 30:** polvo de hornear y bicarbonato de sodio, Naviya. **Página 31:** Andrei Dubadzel. **Página 32:** panecillos, Maria C Fields. **Page 34:** frasco de masa madre, Gajus. **Página 37:** frasco de masa madre, Zagorulko Inka. **Página 43:** mapa que señala a Siria, Porcupen. **Página 45:** inspiredbyart. **Página 46:** baguettes, pixaroma. **Páginas 48, 49:** Africa Studio. **Página 51:** Alexeysun. **Páginas 54, 55:** Elena Zajchikova. **Página 57:** Zagorulko Inka. **Página 64:** azúcar, agua, polvo de hornear, bicarbonato de sodio, Olga Dubravina; tazas de medir, cucharas medidoras y pesa de alimentos, Cattlaya Art; tazas de medir, cucharas medidoras y pesa de alimentos, Michelle Lee Photography. Imágenes de dominio público: **Cubierta:** bandeja para pastel, Bakewell, Pears and Company. Portada, **Página 9:** huevos, Evan-Amos. **Páginas i, 13:** AlLes. **Página 10:** pizza o masa de pizza. **Página 11:** imazite. **Página 16:** pastel, Annie Spratt. **Página 18 :** bolsas o terrones de azúcar, azúcar morena y blanca, kalhh. **Página 21:** Batholith. **Página 22:** huevos, ViacheslavVladmirivichNetsvetaev; gallina, Pava. **Página 24:** yemas de huevo, ponce-photography. **Página 25:** leche, Daria-Yakovleva; leche y masa, רימזה טע. **Página 30:** polvo de hornear, Lou Sander. **Página 31:** pan rebanado, Daniel Sone. **Página 32:** bicarbonato de sodio, Monfocus; pan, Scott Bauer, Departamento de Agricultura de Estados Unidos. **Página 33:** levadura, tombock1. **Página 53:** polvo de hornear/soda, NatureFriend. **Página 62:** foto de un soldado naval, del fotógrafo Mate Airman Joshua Kinter.

Impreso en México / *Printed in Mexico*

ISBN: 978-1-64473-705-7

23 24 25 26 27   10 9 8 7 6 5 4 3 2 1

Hice un pastel para el cumpleaños de papá. Puse todo lo necesario, ¡pero sabía horrible! ¿Por qué?

¡Es un misterio! ¡Una adivinanza! ¡Un rompecabezas! ¡Una investigación!

¡Es hora de descubrir todo sobre hornear!

Hornear es una actividad compartida por todos los países del mundo. Desde el bao a las baguettes, pasando por el naan o el pan de nueces, hornear juega un papel importante en todas las culturas.

¿Sabías que la ciencia juega un papel importante en el arte de hornear? ¡Los reposteros y panaderos usan la ciencia de muchas formas para hornear muchas cosas deliciosas!

Cada vez que horneas, estás haciendo un experimento. ¿Qué ocurre si utilizas demasiado de esto o muy poco de aquello?

No importa lo que decidas hornear, seguramente usarás algunos de estos ingredientes que pueden encontrarse en casi todas las casas.

BICARBONATO DE SODIO

POLVO DE HORN

INGREDIENTES COMUNES EN LA REPOSTERÍA

- **HARINA**

- **GRASA** (como mantequilla o aceite)

- **HUEVOS**

- **LÍQUIDO** (como leche o agua)

- **UN AGENTE LEUDANTE, QUE LO HAGA CRECER** (como polvo de hornear, bicarbonato de sodio o levadura)

AGENTE LEUDANTE

LÍQUIDO

GRAS

HARINA

HUEVOS

Estos ingredientes se mezclan para hacer una masa. No todos los artículos de panadería utilizan cada uno de estos ingredientes. La masa de pizza, por ejemplo, no necesita huevos y muchos pasteles no requieren mantequilla o aceite.

Pero cada uno de estos elementos juega un papel importante a la hora de hornear deliciosos alimentos.
¡Y los reposteros y panaderos siempre están probando nuevas formas de combinarlos para hacer sus ricas preparaciones!

Un ingrediente de casi todos los alimentos horneados es la **harina** y hay muchos tipos. Las semillas, los granos, las alubias o los frutos secos se muelen en un polvo fino para hacer harina.

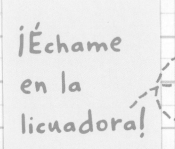

¡Échame en la licuadora!

Uno de los tipos de harina más comunes es la de trigo. ¡Pero los panaderos suelen utilizar también harina de almendras, avena y arroz!

¿POR QUÉ LOS PANADEROS USAN HARINA?

La harina ayuda a dar forma a la masa. Hay proteínas en la harina que se unen cuando se añade agua o leche y esto le da firmeza a la masa.

Las proteínas son como unos ladrillos de construcción que fortalecen las cosas. ¡Cosas como tus músculos! Y la masa.

Mientras más harina se utilice en una receta, más firme será la masa. Las recetas de pan utilizan más harina que las de pasteles. Esta es una de las razones por las cuales los panes son más firmes que los pasteles.

Suave

firme

¡Tengo una hipótesis! Un pan tiene los mismos ingredientes que un pastel, así que si pongo glaseado en el pan, ¡será un pastel!

¿O ESO SERÍA UN SÁNDWICH GLASEADO?

GLASEADO

El azúcar es otro ingrediente importante en la repostería. Hace que los alimentos horneados queden dulces. ¡ÑAM, ÑAM! Pero el azúcar también cambia la textura de esos alimentos.

Los bizcochos se hacen con cantidades similares de harina y azúcar. Esto los hace suaves y húmedos. Las recetas de pan usan muy poquita azúcar en comparación con la cantidad de harina. Esta es otra razón por la cual un pan es más firme que un bizcocho.

El azúcar también hace que los alimentos horneados se vuelvan marrones al cocinarse.

Los panaderos también utilizan **grasas** como la mantequilla y el aceite para mantener los panes húmedos y suaves. Las grasas hacen que las proteínas firmes de la harina sean más flexibles y elásticas. ¡Ayudan a hacer que el pan se hunda y luego recupere su forma cuando lo tocamos!

¡Elástica y flexible!

Los huevos mantienen unidos a los distintos ingredientes de la masa. Al igual que el azúcar y las grasas, humedecen los alimentos horneados. Los huevos se componen de tres partes diferentes.

PARTES DE UN HUEVO

- La **CÁSCARA** del huevo es la parte exterior de un huevo. Protege su interior de posibles daños.

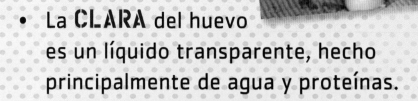

- La **CLARA** del huevo es un líquido transparente, hecho principalmente de agua y proteínas.

- La **YEMA** del huevo es amarilla y se encuentra en el centro. Está compuesta, principalmente, de grasas y proteínas.

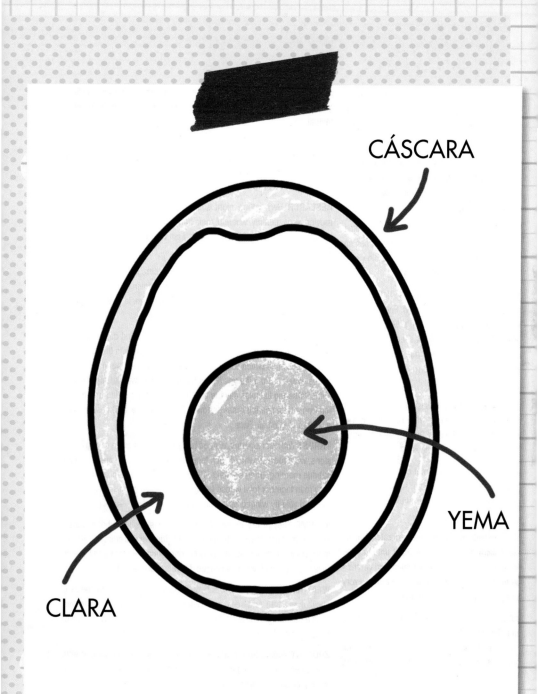

CÁSCARA

YEMA

CLARA

Los panaderos y reposteros utilizan tanto las claras como las yemas.
A veces las usan por separado.
¡A veces juntas! Todo depende del resultado que quieran obtener.

Las yemas de huevo añaden grasa y dan sabor a la masa. Como las claras de huevo son mayormente agua, al batirse crean una espuma blanca que hace a la masa ligera y esponjosa.

Pones el huevo en un recipiente con agua. Si el huevo se hunde y se pone de lado, está fresco; si flota, está podrido.

El agua y la leche son **líquidos** comunes en la repostería. Los líquidos humedecen a los ingredientes secos, como la harina, para poder mezclarlos.

La mayoría de las recetas de pan utilizan agua. En cambio, los manjares de repostería más dulces (¡como los bizcochos!) suelen hacerse con leche.

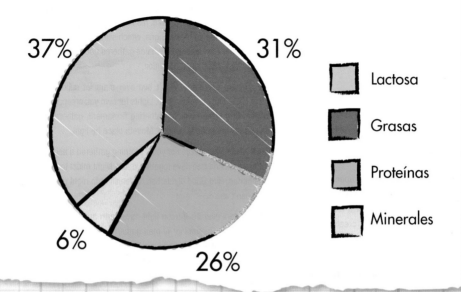

LA COMPOSICIÓN DE LA LECHE

37% 31% 6% 26%

- Lactosa
- Grasas
- Proteínas
- Minerales

En contraste con el agua, la leche tiene azúcares, proteínas y grasas. Los azúcares de la leche añaden un poco de dulzor a la masa. Las proteínas la hacen más fuerte. Las grasas ayudan a que esas proteínas fuertes mantengan su flexibilidad.
(¡Los bizcochos suaves saben mejor!).

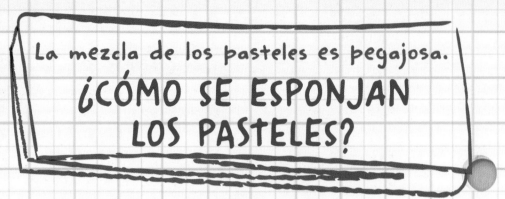

La mezcla de los pasteles es pegajosa.

¿CÓMO SE ESPONJAN LOS PASTELES?

El polvo de hornear es otro ingrediente importante para cocinar artículos de repostería. Cuando el polvo de hornear se mezcla con un líquido, se crean pequeñas burbujas de aire. A medida que esas burbujas crecen, ¡la masa también crece! Cuando esto pasa, se dice que la masa *levanta*.

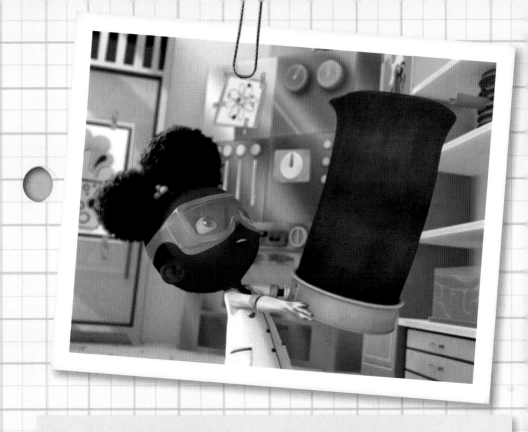

El espacio que crean las burbujas de aire en la masa la hace suave y esponjosa.

También se puede añadir a la masa un ingrediente diferente, llamado **bicarbonato de sodio**, para ayudarla a levantar.

¿Qué más utilizan los panaderos para levantar la masa? ¡La levadura!

INVESTIGA HeCHOS

TODO SOBRE LAS LEVADURAS

- ¡Están vivas! Todas las levaduras son seres vivos.

- Las levaduras son hongos, ¡como los champiñones!

- Las levaduras son diminutas. Si las pusieras en fila, ¡se necesitarían unas 8.500 levaduras para completar un centímetro!

- ¡Están por todas partes! ¡Las levaduras están en el aire, en nuestra piel e incluso en los árboles!

• Las levaduras necesitan comer. ¡Uno de sus alimentos favoritos es el azúcar!

• Los panaderos utilizan la levadura para hacer que ciertos panes, como los panecillos, crezcan.

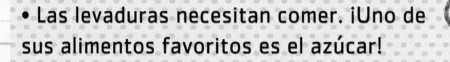

Cuando mezclamos levadura seca con líquido y azúcar, la levadura empieza a comerse el azúcar. Esto hace que liberen gases. ¡Son como pequeños eructos de levadura!

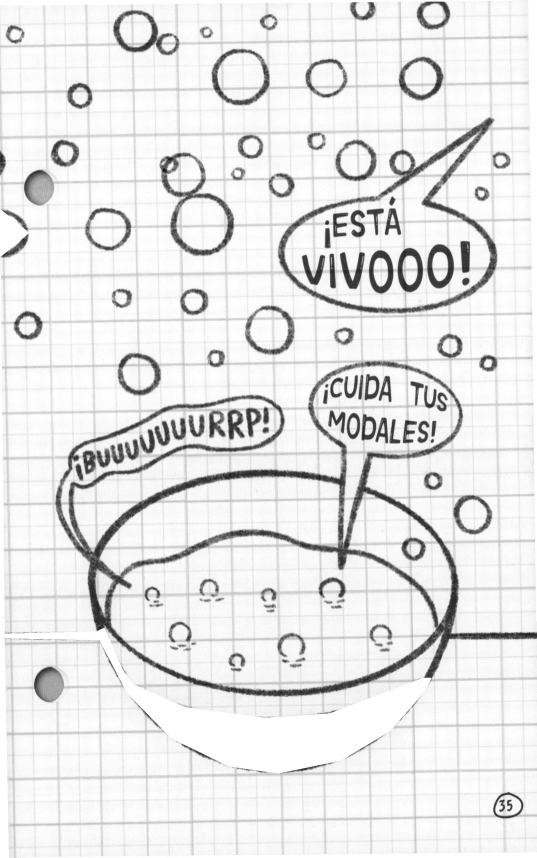

Al igual que con el polvo de hornear y el bicarbonato de sodio, esas burbujas de aire hacen que la masa levante.

ANTES DE LEVANTAR

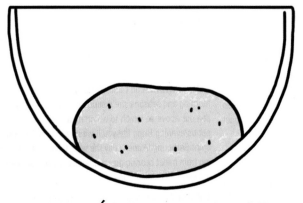

DESPUÉS DE LEVANTAR

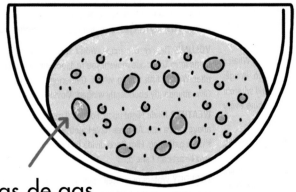

Burbujas de gas
de la levadura

Un tipo de pan llamado **pan de masa madre** utiliza la levadura de forma especial. En lugar de mezclar levadura seca con agua azucarada, la receta utiliza levadura salvaje.

Las levaduras se encuentran de forma natural en el medio ambiente. De hecho, ¡la harina que compras en el supermercado tiene levadura salvaje!

Cuando mezclas un poco de harina con agua, la levadura salvaje en la harina empieza a crecer. Después de varios días creciendo, la mezcla se convierte en masa madre. ¡Es como una sopa de levadura!

Vamos a cazar levaduras salvajes

Pero hay algo más que levadura en esta "sopa de levadura". ¡También hay bacterias! Las bacterias en el fermento de la masa dan un sabor ácido característico al pan de masa madre. Y aunque la masa madre esté un poco ácida, ¡sigue siendo muy sabrosa!

¡La levadura es increíble! Crea burbujas de gas que hacen al pan suave y esponjoso. Si no existiera la levadura, ¿cómo obtendríamos burbujas en el pan?

NECESITAMOS UNA LLUVIA DE IDEAS

1. Podríamos usar unas bombas de bicicleta diminutas para inyectar aire dentro de la masa.

¡PAF!

¡PAF!

¡PAF!

40

2. Extraterrestres micros- cópicos entran en la masa creyendo que es chicle, la mastican y hacen muchas mini bombas

3. Atrapamos burbujas de una bañera y las aplastamos contra la masa hasta que entren.

No es un ingrediente, pero los panaderos también usan calor para elaborar sus alimentos. La mayoría de los panaderos utilizan un horno para calentar y cocinar sus alimentos horneados.

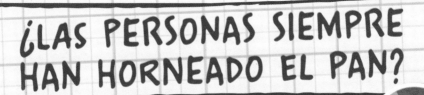

Según los científicos, la primera vez que los humanos utilizaron hornos para cocinar pan fue en la antigua Siria, ¡hace más de 9.000 años!

¡ESE PAN ES MIL VECES MÁS VIEJO QUE YO!

DULCE, DULCE CIENCIA

Un poema de
Ada Magnífica

Mide la harina. Mide la leche.

Bate la masa hasta que se
espese.

Los pasos de la receta debes
respetar

y llevarla al horno ¡hasta
terminar!

Cada vez que horneo, de
ciencia estoy repleta,

tanto si hago bizcochos como
si hago galletas.

Los reposteros mezclan ingredientes específicos, en un orden específico, para obtener un resultado concreto. Esta forma de mezclar ingredientes produce una **reacción**.

Bicarbonato de sodio + limón = ¡burbujas!

¡MUCHO bicarbonato de sodio + limón = MUCHAS burbujas!

Los científicos llaman reacción
a una acción que produce un
cambio. Mezclar harina con agua
transforma a ambos ingredientes en
una masa. Añadir polvo de hornear
o levadura a la masa la cambia,
la hace crecer. Los reposteros que
estudian estas reacciones se llaman
chefs reposteros.

INVESTIGA

PIONEr@S

Las personas hemos estado horneando por miles de años. Pero se cree que la primera pastelera moderna fue **MARIE-ANTOINE CARÊME** (1784-1833), que era francesa.

Una de las primeras escuelas de repostería que se abrieron en los Estados Unidos fue dirigida por **ELIZABETH GOODFELLOW** (1767-1851) en Filadelfia. Era muy conocida por sus pasteles y tartaletas e impartió clases en su pequeña escuela por casi treinta años.

MALINDA RUSSELL

(1812–fecha desconocida) fue la primera mujer afroamericana que escribió un libro de cocina en los Estados Unidos o, al menos, eso se cree. Lo publicó en 1866. La mayoría de las recetas eran de exquisitos postres horneados.

KIMBERLY BROCK BROWN, pastelera

estadounidense, se convirtió en la primera mujer negra incluida en la Academia Americana de Chefs.

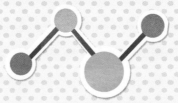

Cuando horneo, siento que estoy haciendo ciencia, ¿VERDAD QUE SÍ?

Los reposteros investigan mucho antes de hacer y probar cada nueva receta. A menudo hornean lo mismo una y otra vez. ¡Es como hacer experimentos! Hacen pequeños cambios hasta que el producto final se ve, se siente y sabe cómo ellos quieren.

Los reposteros utilizan diferentes métodos en sus creaciones.

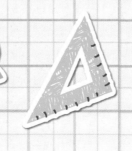

La química es el estudio de las propiedades y transformaciones de la materia. Los químicos llaman *sustancias químicas* a diferentes formas de materia. A veces pensamos que las sustancias químicas son malas para nosotros y muchas lo son, pero nuestro cuerpo está lleno de sustancias químicas que son buenas para nosotros. ¡Y también las hay en los alimentos que comemos!

Azúcar, agua, polvo de hornear y bicarbonato de sodio son ejemplos de sustancias químicas usadas en la repostería.

Cuando mezclamos sustancias químicas, estamos creando una **reacción química**. Las sustancias químicas se unen para crear algo nuevo. ¡Igual que los ingredientes de una receta!

Es muy importante que los panaderos y reposteros entiendan la química de los ingredientes que utilizan. Esto les ayuda a elegir los más adecuados.

Por ejemplo, el polvo de hornear, el bicarbonato de sodio y la levadura se utilizan para hacer crecer la masa. Pero reaccionan de forma diferente con los demás ingredientes de una receta.

La levadura tarda mucho en levantar la masa. Para recetas más rápidas, como las que se utilizan para hacer galletas, los reposteros usan polvo de hornear o bicarbonato de sodio.

Diferentes reacciones químicas dan a los alimentos horneados un sabor diferente, también. Un repostero las elige dependiendo del sabor o textura que quiera dar a su postre.

¡Sin polvo de hornear!

¡Con polvo de hornear!

La biología es el estudio de los seres vivos, como la levadura. Cada vez que un panadero usa levadura en una receta, ¡está provocando un proceso biológico!

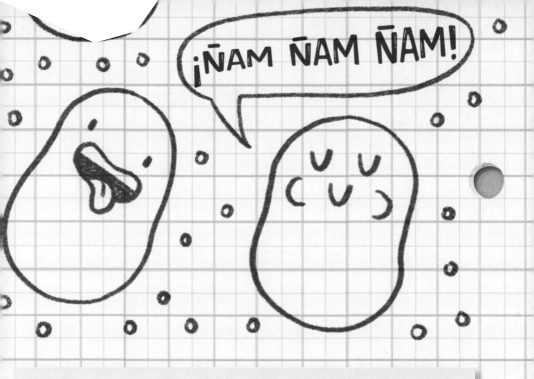

El panadero mezcla levadura, azúcar
y agua para crear algo nuevo:
¡burbujas de aire! Cuando utiliza la
levadura para levantar la masa, debe
tener mucho cuidado. Si deja que
levante por demasiado tiempo, ¡la
levadura se comerá todo el azúcar!
Cuando esto ocurre, el resultado final
no sabrá delicioso.

A través de **la física** estudiamos cómo la energía y las fuerzas (empujar o halar) afectan las cosas. Los panaderos usan la energía del calor al hornear. El calor produce una **reacción física**. ¡La masa cambia! Se vuelve más sólida.

El calor viaja desde las paredes del horno hasta la masa y se mueve por ella rebotando de burbuja en burbuja de aire. Así es como llega al centro y es por eso que, al usar levadura, polvo de hornear o bicarbonato de sodio los alimentos horneados se cocinan más uniformemente. Sin esas burbujas, es más difícil que el calor llegue al centro de la masa.

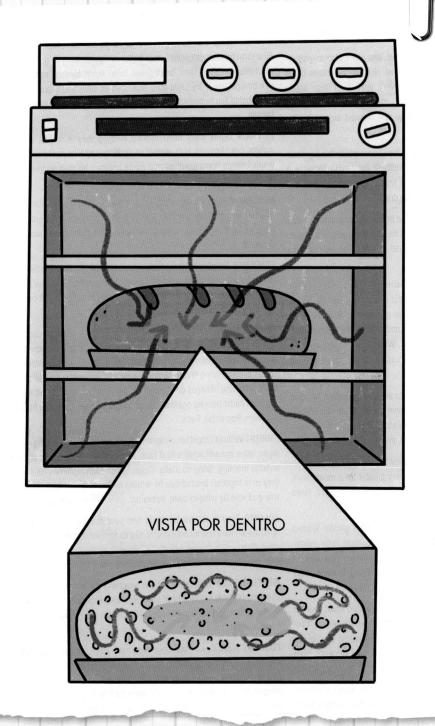

VISTA POR DENTRO

¡**Las matemáticas** también son muy importantes para los panaderos y chefs reposteros! Tienen que controlar el tiempo y medir los ingredientes con mucho cuidado. Si una receta se hornea durante demasiado tiempo, se quemará. Si no se hornea por el tiempo suficiente, quedará cruda. Si se utiliza muy poca levadura, la masa quedará aplanada y usar demasiado líquido hará a la masa húmeda y pegajosa.

Así como los científicos, los pasteleros y reposteros utilizan herramientas para medir los ingredientes. Usan balanzas para pesar, cucharas y tazas especiales para medir.

¡Las matemáticas son importantes!
2 + 2 = ¡Delicias!

Lasheeda Perry es repostera. ¡Ella utiliza la ciencia en su trabajo todo el tiempo! Cuando hornea alimentos como galletas y pasteles, utiliza medidas precisas de ingredientes como el polvo de hornear, la harina y la mantequilla para asegurarse de que sus recetas queden perfectas.

¡Creo que he resuelto el rompecabezas! Hornear **ES** como hacer un experimento. Si utilizo la cantidad correcta de los ingredientes adecuados y de la forma correcta, ¡haré el mejor pastel de cumpleaños para mi papá!

¡Genial! ¿Quién iba a pensar que la ciencia podía ser tan deliciosa?

Ahora tengo MÁS PREGUNTAS que antes.

¿Por qué cada pregunta lleva a más preguntas?

¿Es para responderlas que usamos la ciencia?

¡MIS PREGUNTAS!

¿Por qué algunas galletas son crujientes y otras son duras?

¿Por qué las galletas quemadas saben mal?

¿Otros animales hacen postres?

¿Podría un astronauta hacer un pastel en el espacio?

¿Las levaduras comen algo más que azúcar?

Si la masa del pastel incluye sal, ¿por qué no sabe salada?

¿Por qué algunas cosas son saladas?

¿Por qué algunas cosas son dulces?

¿Por qué algunas cosas son amargas?

¿Por qué a la gente le gustan diferentes pasteles?

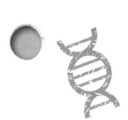

EXPERIMENTOS SIMPLES DE CIENCIA

¡PÍDELE AYUDA A UN ADULTO!

¡REACCIÓN EN ACCIÓN!

MATERIALES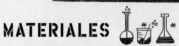

- 2 vasos transparentes (de plástico o vidrio)

- 1/2 taza de agua

- 1/2 taza de vinagre

- 2 cucharadas de bicarbonato de sodio

- Un marcador

INSTRUCCIONES

1 Etiqueta cada vaso con «agua» o «vinagre».

2 Vierte el líquido que corresponde al nombre en cada vaso.

3 Añade 1 cucharada de bicarbonato de sodio al vaso con agua.

4 ¡Observa!

5 Añade 1 cucharada de bicarbonato de sodio al vaso con vinagre.

6 ¡Observa!

¿Qué pasó? ¿El bicarbonato de sodio reaccionó igual con el agua que con el vinagre? ¿Se formaron burbujas en ambas reacciones? ¡No! El bicarbonato de sodio debe mezclarse con un ácido (como el vinagre) para hacer burbujas.

¡HAGAMOS OTRO EXPERIMENTO!

¡PÍDELE AYUDA A UN ADULTO!

CONCURSO DE HORNEADO: ¡GALLETAS!

MATERIALES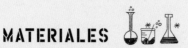

Para este experimento, utilizarás la siguiente lista de materiales dos veces para hacer dos tandas distintas.

- 1/4 de taza de mantequilla (1/2 taza en total)

- 1/3 de taza de azúcar (2/3 de taza en total)

- 1 huevo (2 huevos en total)

- 1/2 cucharada de extracto de vainilla (1 cucharada en total)

- 1 taza de harina común (2 tazas en total)

- 1/8 de cucharadita de sal (1/4 de cucharadita en total)

- 1/8 de cucharadita de polvo de hornear (nota: sólo la utilizarás para una tanda)

- Tazón grande

- Batidora eléctrica

- Papel para hornear

- Rodillo

- 2 bandejas para hornear

- Horno (¡utilízalo SOLO bajo supervisión de tus padres!)

- Cortadores de galletas o cuchillo de mantequilla

INSTRUCCIONES

1 Precalienta el horno a 350° F.

2 ¡Lávate las manos!

Primera tanda

1. Ablanda la mantequilla si es necesario. Luego combínala con el azúcar en un bol grande. Bate con una batidora eléctrica hasta que quede cremosa.

2. Añade el huevo y el extracto de vainilla. Mezcla.

3. Añade los ingredientes secos: harina, polvo de hornear y sal.

4. Mezcla con la batidora eléctrica. Cuando la masa esté quebradiza, utiliza las manos para formar una bola.

5. Coloca la bola entre dos hojas de papel para hornear. Utiliza un rodillo para extenderla hasta que tenga un grosor de unos 3 cm.

6. Utiliza cortadores de galletas para hacer formas con la masa. Si no tienes cortadores de galletas, puedes usar un cuchillo para cortar la masa en cuadraditos.

Segunda tanda

Repite los pasos del 3 al 9 excepto que esta vez **no** añades el polvo de hornear.

Hornea

Pon ambas tandas dentro del horno caliente por 10 minutos. Luego, ¡saca las galletas del horno y observa! ¿Cómo se ven tus galletas? ¿La primera tanda horneada se ve diferente a la segunda? ¿Añadir polvo de hornear cambió el resultado?

Andrea Beaty es la autora de la exitosa serie Los Preguntones y de muchos otros libros. Es licenciada en biología y ciencias de la computación. Andrea vive en las afueras de Chicago donde escribe libros para niños y planta flores para las aves, las abejas y los insectos. Aprende más sobre sus libros en AndreaBeaty.com.

La **Dra. Theanne Griffith** es una científica que estudia el cerebro durante el día y cuenta historias por la noche. Es la investigadora principal de un laboratorio en la Universidad de California–Davis y autora de la serie de aventuras de ciencia *The Magnificent Makers*. Vive en California del Norte con su familia. Aprende más sobre sus libros de ciencia, matemáticas, ingeniería y tecnología en TheanneGriffith.com.